In

Fotos:

Seite 8, 9: **Senckenberg Museum Frankfurt:**
15 ol.: **Instituto_Butantan;**

Über shutterstock: U 1, 15 ul. + or., 16 r., 33u., 36 ol: reptiles4all; Seite: 2/3, 44/45: Anukool Manoton; 4 ol.: Olga Tairova; 4/5: Sergej Razvodovskij; 5: Birute Vijeikiene; 7 ol.: Rosa Jay; 7 Mi.: fivespots; 7 ul.: Eric Isselee; 7 or., 15 ur., 17 l., 37 or., 38 u. 349 or.: Audrey Snider-Bell; 10 ol.: 80‘s Child; 10 or.: Viacheslav Nikolaenko; 11 u.: Artem Avetisyan; 12 ul.: Michaelparkart; 13 o.: TigerStocks; 13 u., 18 r,, 19: Alberto Loyo; 14 o.: Vera Larina; 14 ul.: Squeeb Creative; 14 r.: Mark_Kostich; 16 l.: Asmus Koefoed; 17 r.: Karel Bartik; 18 l.: Sanjay yogi; 20 l.: Milan Zygmunt; 20 or.: Teeke-vphotography; 20/21: Maxim Vasiliev; 21 o.: Matt Jeppson; 21 u.: Martin Pelanek; 22/23: Michael Meshcheryakov; 23 u.: Patrick K. Campbell; 24 Vadim Petrakov; 25: Luciana Nobre Deliza; 25 u.: Nynke van Holten; 26: Paul Tessier; 27: Heiko Kiera; 28: Wild Carpathians; 29: Mufti Adi Utomo; 30: Opayaza12; 30 ol.: Shanjaya; 31 or.: Nynke van Holten; 31 u.: Reca Ence AR; 32/33: Cesar J. Pollo; 34, 40 u.: Karel Bartik; 34/35 u.: Eric Isselee; 35 ol.: Matt Jeppson; 35 or.: Rebecca Abell; 36/37: Tetyana Dotsenko; 36 o.: DWI YULIANTO; 37 ur.: slowmotiongli; 38 o.: Cheng Wei; 39 ol.: guentermanaus; 40 o.: Natalia Kuzmina; 41 o.: R.M.T.; 41 ul.: Michal Sloviak; 41 ur.: Ken Griffiths; 42 o.: AJRphoto; 42 u.: Issam alhafti; 43 l.: Siarhei Kasilau; 43 r.: Robert Szymanski; 44 l.: LiteChoices; 44 or.: LanaMais; 44 or.: Artem Beliaikin; 44 ur.: Anukoon Supawong; 45 ul.: Happy Auer; 45 or.: Dmitry Leonov; 45 M.: LANLAO;

Über WIKIMEDIA COMMONS: Seite 7 Mr.: Ceridwenanwyl; 7 ur., 27 ul.: U.S. Fish and Wildlife Service Headquarters; 10ul.: Nate JE; 11 or.: 1700-1880 Print Iconographia Zoologica; 33 o.+ M.: Tropicario; 36 M.: Aqilfadhlullah9;

Brunnenstraße 7, D-34286 Spangenberg
Tel.: 05663-280, Fax: 05663-6562
E-Mail: fischer-nagel@t-online.de, URL: www.fischer-nagel.de

Druck und Bindung: Grafisches Centrum Cuno GmbH & Co. KG, Calbe

ISBN 978-3-930038-96-1

FSC
www.fsc.org
MIX
Papier aus verantwortungsvollen Quellen
FSC® C043106

Heiderose und Andreas Fischer-Nagel

Riesen-schlangen

Verlag Heiderose Fischer-Nagel

Gigantische Schlangen

Lass uns gemeinsam eine Traumreise in die heißesten Regionen der Welt machen! Unsere Reise geht in die Äquatorregionen, in den tropischen Regenwald, hin zu den großen Flüssen und hinein in die Sümpfe mit all ihren faszinierenden Pflanzen und Tieren.
Gefährliche Bewohner lauern dort überall und die zahlreichen Geschichten, die wir über sie gehört haben, schüren unsere Angst. Im Auge haben wir die gigantischen Würgeschlangen, die ihre Opfer nicht mit Gift töten, sondern sie so lange zerquetschen, bis ihnen die Luft ausgeht, sie ersticken oder ihr Herz stehen bleibt.

Es interessiert uns, ob solche meterlangen Kraftmonster, die vielleicht mit der Länge eines Reisebusses zu vergleichen sind, tatsächlich auch Menschen verschlingen.
Warum Riesenschlangen?
Sie sind so außergewöhnlich und wirken auf uns wie urzeitliche Dinosaurier.
Dass es solche Tiere heute auf unserer Erde noch gibt, wie groß sie sind, wie viel Kraft sie besitzen und wie gefährlich sie sind, bringt uns neugierig auf ihre Spur.

Rautenpython

Diamantpython

Jungtier des Grünen Hundskopfschlingers

Von den Riesenschlangen gibt es rund 100 Arten, die Boas und die größere Gruppe der Pythons. Die beiden Gruppen verteilen sich so, dass die Boas in Mittel- und Südamerika vorkommen und die Pythons in den tropischen Gebieten, wie zum Beispiel in Indonesien, Indien und Südostasien.

Die längste Schlange, die je gefangen wurde, soll ein fast zehn Meter langer Netzpython namens Medusa sein.

Doch die lange vor unserer Zeit lebende Titanoboa war deutlich länger.

Zu den heute lebenden »Großen Vier« zählen die Anakonda, die Abgottschlange, der Netzpython und der Tigerpython. In jedem Fall sind die wirklichen Schlangenriesen immer Weibchen.

Zu den Riesenschlangen zählen aber auch kleine und mittelgroße Arten, wie zum Beispiel die Westliche Sandboa. Sie gehört deshalb zu den Giganten, weil sie unter anderem einen breiten Schädel und ein riesiges Maul mit den für Riesenschlangen typischen ungefurchten Zähnen hat. Daran siehst du, dass im Tierreich der Begriff »Familie« eine ganz andere Bedeutung hat als bei uns Menschen: Hier gehören Tiere in eine Familie, die sich im Körperbau gleichen oder einen gemeinsamen Vorfahren haben.

Sandboa

Bismarck-Ringpython

Boa constrictor – Albino

Dunkler Tigerpython

Gruselige Titanoboa

Vermutlich vor rund 170 Millionen Jahren begannen sich aus Echsen die ersten Schlangen zu entwickeln. Sie lebten offenbar teils im Wasser und teils in der Erde.

Doch Forscher nehmen an, dass die eigentlichen Schlangen, so wie wir sie heute kennen, auf die Zeit vor rund 60 Millionen Jahren zurückgehen. So fand man im Jahr 2009 in einer Kohlenmine in Kolumbien einen versteinerten Wirbel einer riesigen Urzeitschlange – der »Titanoboa«. Auf Grund der Größe des Wirbels berechnete man, dass diese Schlange etwa 14 m lang war, etwa 1 m Durchmesser hatte und etwa 1 250 kg schwer gewesen sein muss. Sie lebte offenbar vor 65 Millionen Jahren als nachtaktiver Jäger in Wäldern und fraß mit Vorliebe Krokodile von etwa 2 m Länge.

Zum Größenvergleich: Links der fossile Wirbel der Titanoboa, rechts der Wirbel einer 7 m langen Anakonda.

Sensation in der Grube Messel

Die Sensation zum Thema Riesenschlangen ist jedoch in Deutschland zu finden.
In der Grube Messel fanden die Wissenschaftler ein gut erhaltenes Skelett, das »nur« 47 Millionen Jahre alt ist. Die neu gefundene, etwa ein Meter lange Schlangenart bekam den Namen ***Messelopython freyi*** und ist nunmehr der älteste Nachweis einer Pythonschlange weltweit.

Dieser Python muss gemeinsam mit einer ungefähr zwei Meter langen Boaschlangenart, der ***Eoconstrictor fischeri***, hier bei uns vorgekommen sein, denn auch ihre Versteinerung fanden die Forscher in der Grube Messel.

Schlangenfossilien sind selten. Das ist auch der Grund dafür, dass man nicht so viel über sie zu erzählen weiß wie zum Beispiel über Dinosaurier.
Die wichtigste Erkenntnis, zu der die Paläontologen – die Forscher, die sich mit Versteinerungen von Tieren und Pflanzen beschäftigen – gelangten, ist die Tatsache, dass Boas und Pythons gemeinsam an einem Ort vorkamen und heute vollkommen getrennt voneinander liegende Lebensräume besiedeln.
Das bedeutet auch, dass sich diese Schlangen wahrscheinlich hier in Europa entwickelt haben. Im Erdzeitalter Eozän, vor etwa 56 bis 34 Millionen Jahren, war es hier nämlich ziemlich warm, offenbar warm genug für diese wechselwarmen Reptilien.
Es folgte eine Abkühlung für einige Millionen Jahre, sodass weitere Fossilien von Schlangen sich erst wieder im Miozän finden, einer Zeit, die 23 bis 5 Millionen Jahre vor unserer Zeit liegt.
Als es dann wiederum kühler wurde, verschwanden diese großen Reptilien bei uns völlig und siedelten sich von da an im Tropengürtel der Erde an – als weit voneinander entfernte Arten.

Magische Schlangen

Schlangen lebten schon lange vor uns auf der Erde und regten in hohem Maße die Fantasie der Menschen an. Wir lesen von ihnen in Legenden und begegnen ihnen in unterschiedlichen Religionen. Ärzte haben sie mit dem Äskulapstab zu ihrem Symbol gemacht. Gerade weil sie vor uns »da waren« und wir sozusagen in ihre Wildnis hineingeboren wurden, haben wir gelernt, unsere Umwelt genau wahrzunehmen, Gefahren zu empfinden, achtsam zu sein.

Wenn du einmal in einem Exotarium oder Reptilienzoo warst, dachtest du sicher, dass die Schlangen mega langweilig sind. Sie liegen ja nur faul herum. Aber was passiert, wenn sie sich plötzlich unerwartet bewegen und auf dich zuschnellen? Du springst zurück, zu Tode erschrocken, obwohl du weißt, dass die Glasscheibe dich von ihr trennt. Ein Reflex, der sozusagen in die Wiege der Menschheit gelegt wurde.

Die monströsen Riesenschlangen im Zirkus, die sich Schlangenbeschwörer und Tänzerinnen um den Körper winden, überraschen dich schon mit ihrer Länge, dabei gibt es noch viel längere!
Riesenschlangen wachsen ständig, ihr ganzes Leben lang. Sie sind nicht wie wir eines Tages ausgewachsen. Je länger und dicker die Schlange ist, desto älter ist sie auch. Das gilt natürlich für die ganz großen und damit meinen wir die von über sechs Metern Länge. Wo es die größte Schlange gibt, weiß niemand. Erzählungen über 14-, 15- oder gar 20-Meter-Riesenschlangen sind sicher sehr übertriebene Geschichten.
Sind Riesenschlangen ursprünglich Meeresungeheuer? Lebt in Schottland im Loch Ness die Riesenschlange Nessie? Eher nicht, denn einer Riesenschlange wäre es in Schottland viel zu kalt (rechts unten).

Da kannst du dir schon eher die Geschichte aus Peru vorstellen. Die Yaku Mama, die Mutter der Gewässer, ist nämlich eine Anakonda. Sie lebt tief in den Gewässern und frisst angeblich jeden, der in ihr Gebiet eindringt.
So erzählen es die einheimischen Völker. Beim Weitererzählen werden die Schlangen immer länger und erreichen unmögliche 25 bis schließlich 38 Meter. Als »Matatoro«, was zu deutsch »Bullentöter« heißt, sagte man ihnen nach, Pferde und Stiere verschlingen zu können.

Die »Gruselzeichnung«, die um das Jahr 1800 entstanden sein muss, soll eine in Mittelamerika lebende Regenbogenboa zeigen. Die Weibchen dieser Art werden maximal 2,30 m lang, Männchen bleiben deutlich kleiner!

Steckbrief Schlange

Jeder erkennt eine Schlange: Sie ist lang und hat keine Gliedmaßen. Der lange Körper ist rundlich, manchmal auch abgeplattet und zum Schwanz hin auf jeden Fall dünner. Schaust du dir ein Schlangenskelett an, kannst du dir vorstellen, wie gut die Organe allein durch die 100 bis 430 paarigen Rippen darin geschützt sind. Kein anderes Tier besitzt so viele Wirbelknochen, nämlich 435, und keines ist so beweglich wie sie. Nur im Schwanz sind keine Rippen.
Besonders interessant ist die Schlangenlunge, denn obwohl wie bei uns zwei Lungenflügel vorhanden sind, wird nur der rechte zum Atmen benutzt.
An der Bauchseite besitzen Schlangen eine Kloake, so nennt man eine Körperöffnung, die gleichzeitig zur Ausscheidung und als Geschlechtsöffnung dient. Wird die Schlange begattet, legt sie dann aus dieser Öffnung heraus sowohl Eier als auch – je nach Art – lebendige Junge.

Alle Schlangen haben eine »große Klappe«, weil ihr Unterkiefer sehr beweglich und nicht so starr ist wie bei uns. Sie können ihn zum Verschlingen der Beute sozusagen aushängen. Dann wird er für diese Zeit durch Bänder gehalten. Hat die Schlange einen dicken Brocken so weit verschluckt, dass dieser ungehindert weiter Richtung Magen rutscht, gähnt und gähnt sie so lange, bis der Unterkiefer wieder in der richtigen Position einhakt. Die langen, spitzen Zähne der Riesenschlange, mit denen sie auch die Beute packt, sind nach hinten gerichtet, damit die Beute sich nicht so leicht befreien kann und die Zähne beim Transport Richtung Magen nicht stören. Die Beute wird meist vom Kopf her geschluckt und ist damit besonders gleitfähig, da Haare oder Federn anderer Tiere meist nach hinten gerichtet sind.
Trotzdem ist es unfassbar, dass ein Schwein, eine Antilope oder gar ein ganzes Krokodil durch dieses Maul hindurchpassen.

Im Unterkiefer des Pythons sind gut die zahlreichen spitzen, nach hinten gerichteten Zähne erkennbar. Außerdem siehst du, dass er nicht, wie bei anderen Wirbeltieren, vorne zusammengewachsen und deshalb enorm dehnbar ist.

Skelett eines stattlichen Pythons

Dieser Felsenpython hat es tatsächlich geschafft, die ganze Antilope zu verschlingen.

Schützendes Schuppenkleid

Schlangen sind nicht glitschig. Ihre Haut fühlt sich trocken an, selbst wenn die Schlange manchmal in mehreren Farben schillert, so wie die schöne Regenbogen-Anakonda. Die Schlangenhaut trägt Schuppen, die aus Horn bestehen, so wie unsere Fingernägel, doch sind sie unterschiedlich in Farbe, Form und Größe.

Auf dem Rücken sind die Schuppen dicht aneinander angeordnet, dachziegelartig, wie das schützende Schuppenhemd eines Ritters. An der Bauchseite reihen sich Plättchenschuppen aneinander.
Da Schlangen ständig wachsen, müssen sie sich regelmäßig häuten. Die Haut wird ihnen zu eng.
Bevor sie sich häuten, sondert ihre Haut eine milchige Flüssigkeit ab, die innerhalb weniger Tage vom Körper aufgenommen wird. Nun erst löst sich die alte Haut leicht. Die Schlange streift mit der Schnauzenspitze an Steinen und krautigen Pflanzen entlang, bis die Haut aufreißt und windet sich dann aus der alten Haut heraus.

Eine Boa beginnt mit der Häutung.

Wenn du Glück hast, findest du vielleicht auch bei uns in der Natur abgelegte Häute von Ringel- oder Schlingnattern. Sie sind durchscheinend und zeigen ein leichtes Muster.

Manche Schlangen, wie die des Grünen Baumpythons, wechseln sogar die Farbe: Hellgrün oder blautürkis sehen sie nicht nur hübsch aus, sondern sind in Bäumen bestens getarnt. Sind die Weibchen tragend, verändern sie ihre Farbe und sind plötzlich viel dunkler. So können sie nämlich mehr Wärme aufnehmen, was für die Eientwicklung von Vorteil ist. Sobald die Jungen da sind, bzw. die Eier gelegt, erhalten die Mütter ihre ursprüngliche Farbe zurück. Dafür verändern die Jungtiere sich optisch. Frisch geschlüpfte Baumpythons sind weder grün noch türkis, sie sind knallig rot oder gelb. Erst nach langer Zeit färben sie sich um. Warum das so ist, wurde bisher nicht erforscht. Logisch wäre, dass sie mit einer solchen Warnfarbe Feinde abschrecken.

Mit besonderen Sinnen auf der Jagd

Schlangen blinzeln nie

Schauen wir uns Schlangen an, scheinen sie uns zu fixieren, jedenfalls sieht es so aus, denn Schlangen haben einen starren Blick. Nur deshalb wirken sie auf viele Menschen böse und gefährlich.

Schlangen haben keine Augenlider, sondern nur eine dünne Haut über dem Auge, die dieses schützt.
Ähnlich wie bei Katzen verändern sich die Pupillen der Schlangen. Jene, die schmale Schlitze haben, erweitern diese bei der nächtlichen Jagd. Trotzdem orten sie die sich bewegende Beute besser, wenn sie sich an den Schwingungen und Vibrationen orientieren, die ihr flüchtendes Opfer auslöst.

Zischelnd riechen

Besonders auffällig ist die gespaltene Zunge der Tiere, mit der sie ständig züngeln und feinste Gerüche aufnehmen. Die Nasenlöcher täuschen uns so ein wenig, denn wirklich riechen kann die Schlange nur mit ihrer Zunge.

Die feinen Geruchsteilchen der Luft gelangen über die Zunge zu zwei Gruben im Gaumen und dem darin befindlichen Jacobson'schen Organ, welches die aufgenommene Information sofort an das Gehirn der Schlange weitersendet. Nun weiß die Schlange, wen sie vor sich hat, und kann sich auf die Spur der vielleicht gerade noch einmal entwischten, aber verletzten Beute setzen.
Nicht nur zur Jagd wird geschnüffelt. Zischelnd erkunden die Schlangen ihre Umgebung, machen sich auf Partnersuche oder nehmen Feinde wahr.

Ihre Nasenlöcher dienen übrigens nur zur Atmung.

Der sechste Sinn

Fühlen, Hören, Riechen, Schmecken und Sehen sind unsere fünf Sinne. Einige Schlangenarten besitzen jedoch einen sechsten Sinn, eine Art Wärmesinn. Unter den Riesenschlangen sind es fast alle Pythons und einige Boas, die dieses Organ besitzen und das Zoologen »Labialgruben« nennen. Diese Gruben liegen, wie du am Kopf des Grünen Hundskopfschlingers unten sehen kannst, entlang der Maulspalten. Damit nimmt die Schlange Infrarotstrahlung wahr, sie kann also ein Infrarotbild eines Tieres »sehen«. Dank dieses Organs ortet sie ganz geschickt ihre Beute. Auch eine regungslos dasitzende Maus wird durch ihre Körperwärme als Infrarotbild wahrgenommen.

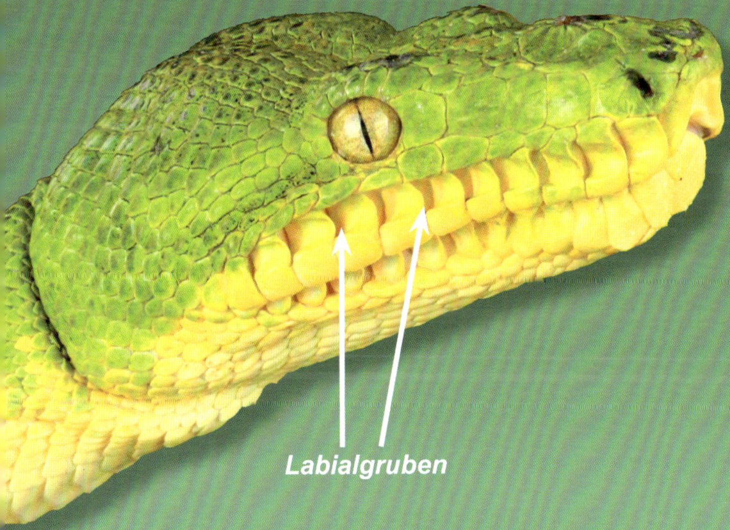

Hören ohne Ohren

Schlangen haben keine äußeren Ohren, sie sind deshalb eigentlich taub, das heißt, dass sie keine Töne wahrnehmen können wie wir.
Da aber ihr Innenohr bestens entwickelt ist, erfassen sie die Vibrationen, die die Geräusche verursachen.
Außerdem registrieren sie feinste Erschütterungen, die zum Beispiel durch das Herannahen eines anderen Tieres oder eines Menschen verursacht werden. So erkennen sie eine drohende Gefahr, ein Beutetier oder einfach auch, dass nichts Besonderes los ist.

Im Ganzen runtergewürgt

Ob Boa oder Python – meist stehen kleine und mittelgroße Wirbeltiere auf ihrem Speiseplan. Je größer die Schlange, desto größer kann die Beute sein!

Schlangen schlucken ihre Beute im Ganzen. Sobald sie diese zu Tode gedrückt haben, beginnen sie, meist vom Kopf her, sie zu verschlingen. Wie kein anderes Tier besitzen sie die Fähigkeit ihr Maul und auch ihre Organe entsprechend zu dehnen. Während unsere Oberkiefer und Unterkieferknochen vorn eine feste Knochenverbindung haben, werden die Kieferknochen der Riesenschlangen nur durch elastische Bänder gehalten. Zusätzlich haben sie noch ein eingebautes Gelenk in der Unterkieferhälfte. Dadurch kann das Maul extrem weit geöffnet und die Beute fest umfasst werden. Sobald der Beutekopf den Engpass Schlangenmaul passiert hat, ist die größte Arbeit getan. Schubweise wird durch Muskelbewegungen die Beute Richtung Magen transportiert. Dort zersetzt starke Salzsäure die Nahrung nach und nach. Das gelingt deshalb gut, weil auch die inneren, an der Verdauung beteiligten Organe der Schlange sich immens weiten. Sogar das Herz wird größer und ist damit in der Lage, schneller und besser zu pumpen. Nun fließt mehr sauerstoffreicheres Blut durch die Adern, der Stoffwechsel läuft auf Hochtouren. Verdauen ist bei Schlangen also Hochleistungssport. Sobald der Nahrungsbrei weich

genug ist, filtern ihn die Darmzellen und ziehen alle wichtigen Nährstoffe heraus. Unverdauliches, wie Krallen, Haare und Zähne, werden ausgeschieden. So etwas wurde natürlich von Forschern untersucht. Sie durchleuchteten die Schlangen während des Verdauungsprozesses.

Dennoch verbraucht der Verdauungsvorgang jede Menge Energie. Nur ein Drittel oder höchstens die Hälfte der gewonnenen Energie bleibt von einer so üppigen Mahlzeit übrig. Dafür reicht der Schlange das für viele Monate. Sie fastet anschließend, erholt sich und ihre inneren Organe schrumpfen wieder auf die normale Größe. Doch was passiert, wenn die Beute zu groß war? Auch das geschieht gelegentlich. Die Schlange kann die Beute nicht schnell genug verdauen. Die Beute fault und es entstehen Gase, sodass die Schlange tatsächlich platzen kann.

Boas in Südamerika

Die Boas der westlichen Erdhalbkugel

Die Familie der Boa-Schlangen umfasst 62 verschiedene Arten, doch nicht alle sind wahre »Riesen«, wie du noch erfahren wirst. Allen gemeinsam ist ihre Verbreitung in Süd- und Mittelamerika. Gebirge und vor allem Kälte stellen für sie eine natürliche Begrenzung des Lebensraumes dar.

Erwachsene Boas leben gerne am Boden, in der Nähe von Wasser und Sümpfen, da sie gerne schwimmen.
So lange sie jung sind, verbringen Boas viel Zeit auf Bäumen. Dort sind sie gut getarnt und sicherer vor Fressfeinden. Sie selbst finden aber genug Beutetiere.
Im Gegensatz zu den Pythons bekommen Boas lebende Junge, die bereits im Körper der Mutter aus dünnhäutigen Eiern ausschlüpfen. Sie sind sofort selbstständig und sorgen allein für sich.

Ringelboa

Anakonda

Hundskopfboa

Boa constrictor

Die Anakonda ist die größte

Insgesamt gibt es vier Anakonda-Arten, die sich in ihrer Färbung und Körperzeichnung voneinander unterscheiden. Wir wollen uns die Große Anakonda genauer anschauen: Die große, kräftige gelbbraune Würgeschlange hat runde, schwarze Flecken als Muster. Ihre Augen und Nasenöffnungen sitzen hoch am Kopf, was typisch für Schlangen ist, die gerne im Wasser leben. Hier fühlen sie sich wohl und sind im meist trüben Wasser, in dem zudem Schwimmpflanzenteppiche treiben, hervorragend getarnt. Nur ihr Kopf schaut heraus. Die nachtaktive Schlange ist sogar eine super Taucherin und kann bis zu 45 Minuten lang unter Wasser bleiben. Gerne lauert sie auch dort ihrer Beute auf. Tiere, die zum Trinken an die Ufer kommen, werden von der hungrigen Schlange gepackt, umschlungen und unter Wasser gezogen. Bis die Beute den Magen erreicht, dauert es bis zu sechs Stunden. Zum Glück reicht so ein Nahrungsvorrat, einmal verdaut, bis zu 500 Tage.

Tagsüber sieht man die Anakonda nur, wenn sie sich in der Sonne aufwärmt, Beute auch einmal an Land fängt und vor allem diese verschlingt, verdaut oder sich paart. Anakondas sind Einzelgänger und scheu. Wenn sie gestört werden, versuchen sie, den Feind durch Drohen und Beißen zu verjagen, ihn zu umschlingen oder sich schützend zu einem riesigen Ball zusammenzurollen. Eine ausgewachsene Anakonda hat kaum Feinde, eine junge schon, denn in den Flüssen des tropischen Brasiliens leben gierige Fische, die Piranhas, und Kaimane. An Land sind es Raubkatzen oder Raubvögel, wie die Harpyie, die gerne mal eine kleine Boa erbeuten.

Eine Anakonda mag eine Temperatur zwischen zwanzig und dreißig Grad. Ist es ihr zu heiß, gräbt sie sich im Schlamm ein und ruht.
Zum Ende der Trockenzeit im April lockt das Weibchen mit besonderen Duftstoffen Männchen an und paart sich mit mehreren Männchen gleichzeitig im flachen Wasser. Es entsteht dabei ein so monströser Schlangenknäuel, dass du die einzelnen Tiere nicht mehr voneinander unterscheiden kannst. Nach sechs bis acht Monaten werden die Jungen lebend geboren. Die Anzahl schwankt und ist von der Größe der Mutter abhängig. Bei einer Schlange von über sechs Metern Länge erwartet man ungefähr 70 Jungtiere. Die Jungen sind ca. 70 bis 90 cm lang und wiegen im Durchschnitt 250 bis 400 g.
Die kleinen Boas häuten sich bereits am ersten Tag und müssen fortan allein zurechtkommen.

Die drei Riesenpythons

der östlichen Erdhalbkugel

Pythonschlangen werden zwischen 90 cm und über 6 m lang, damit gehören einige von ihnen zu den größten Schlangen der Welt.
Ihr Zuhause liegt eher in den Tropen und Subtropen der östlichen Erdhalbkugel.
Pythons bewohnen verschiedene Lebensräume: Savannen, Regenwälder, Mangrovensümpfe, Küsten und sogar Halbwüsten. Manche kommen hoch im Gebirge vor, andere bleiben gerne in der Nähe von Gewässern und wieder andere leben in Bäumen.
Im Gegensatz zu den Boas legen Pythons Eier und pflegen und beschützen ihr Gelege, bis die Jungen ausschlüpfen.
Auch danach bleibt die Mutter noch kurze Zeit mit den Jungen zusammen.

Heller und Dunkler Tigerpython

Tigerpythons leben in Süd- und Südostasien: Etwa von Indien (der Helle) über Bangladesch (beide) und über die Mailaiische Halbinsel bis nach Südchina und auf einigen kleinen Inseln (der Dunkle).
Dass sich der Dunkle Tigerpython aber seit 1979 auch in Florida (USA) im Sumpfgebiet der Everglades ausbreitet, liegt an unvernünftigen Menschen, denen ihre Haustierschlange eines Tages zu groß und gefährlich wurde und die sie deshalb einfach dort aussetzten. Dies ist nicht nur verboten, sondern für die dort heimischen Tiere eine echte Gefahr.

Die hübsche, gelb-braun-grau gemusterte Schlange hat das für jeden Tigerpython charakteristische schwarze Band, das sich von den Augen nach hinten zieht. Sechs Meter lang und bis zu 100 Kilogramm schwer kann das kräftige, muskulöse Tier werden. So dick und schwer bleibt ein ausgewachsener Tigerpython lieber am Boden, selbst wenn er in seiner Jugend auch sehr gerne durch die Bäume schlängelt. Um seine Beute zu erwischen, legt sich der Koloss auf die Lauer und packt zu, sobald das Beutetier nahe genug ist, umschlingt das Opfer und drückt es so lange, bis es kein Lebenszeichen mehr von sich gibt. Wählerisch ist er dabei nicht. Er packt, was er bewältigen kann.

Der Längste der Langen ist der Menschenfresser!

Die längste Schlange der Welt soll der Netzpython sein. Man fand angeblich ein zehn Meter langes Exemplar!
Der Netzpython ist weit verbreitet, von Nordostindien bis ins indonesische Archipel. Da er gerne und hervorragend schwimmt, scheute er auch nicht den Weg über das Meer und ließ sich von Strömungen dahintragen. Je nachdem, wie diese Strömungen verliefen, besiedelte er nur einen Teil der Inseln, wenn die Oberflächenströmung zum Erreichen anderer Inseln zu stark für ihn war.

Mit der Zeit entstanden immer neue Unterarten, die sich nun von der Musterung des ursprünglichen Netzpythons unterscheiden. Das schwarze Netzmuster verläuft über die gesamte Körperoberfläche, wird zum Kopf hin schmaler und endet in einem dünnen schwarzen Strich, der bis zur Schnauze reicht.

Links und rechts von diesem Strich entdeckst du zusätzlich einen schwarzen Fleck und jeweils einen diagonalen Strich, der hinter den Augen beginnt und bis in die Maulwinkel hinabreicht. Die Iris der Augen ist orange und die Zunge dunkelgrau. Augen- und Zungenfarbe sind bei den unterschiedlichen Arten oft unterschiedlich gefärbt. Mit ihrer lebhaften Körperfärbung sind Netzpythons hervorragend getarnt. Sie leben gerne im Verborgenen und wollen einfach übersehen werden.

Die gewählten Orte sind zwischen Jung- und Alttieren sehr unterschiedlich.
Die Jungen hängen in engen Körperwindungen in der Nähe von Gewässern im dichten Geäst. Die größeren Exemplare ziehen sich in Erdlöcher oder in Baumhöhlen zurück.

Zur Jagd lieben sie Gebiete mit langsam fließenden Gewässern, oft in Kulturlandschaften. Als Nachtjäger nutzt der Python seine wärmeempfindlichen Grubenorgane, den sechsten Sinn, von dem du schon gehört hast. Dazu kommt der Geruchssinn, mit dem er schnell seine Lieblingsbeute, nämlich Ratten, aufspürt. Dort, wo weniger Ratten vorkommen, hat er sich auf Fledermäuse und Flughunde spezialisiert. In der Nähe von Siedlungen stehen Hühner, Hunde, Katzen und Ziegen auf dem Speiseplan, bei sehr großen Exemplaren könnten – Berichten zufolge – auch Malaienbären oder Menschen verschlungen werden. Netzpythons paaren sich zu Beginn der Regenzeit. Nach ca. drei Monaten legt das Weibchen in einem Unterschlupf seine 12 bis 100 Eier ab und bewacht sie fürsorglich. Sogar für etwas Wärme sorgt das Muttertier, indem es sich eng um ihr Gelege legt und mit den Muskeln zuckt. Die ent-stehende Wärme überträgt sich dann auf die Eier. Nach zwei bis drei Monaten, zum Ende der Regenzeit, schlüpfen die kleinen Netz-pythons. Mit Eizähnen öffnen sie von innen die Eihüllen und sind selbstständig.

In der Natur sind Albinos recht selten, da sie Feinden schnell auffallen und sie deshalb meist nicht alt werden. In Gefangenschaft können leicht solche Farbvariationen gezüchtet werden und die Schlangen erreichen auch stattliche Größen.

Nördlicher Felsenpython – mit ihm ist nicht zu spaßen

Der Nördliche Felsenpython ist ein sehr anpassungsfähiger Bewohner Afrikas. Er lebt in den unterschiedlichsten Lebensräumen, ist überwiegend nachtaktiv, aber auch am Tage unterwegs. Je buschiger das Gelände, desto eher begegnet man ihm. In der heißen Savannenlandschaft zieht er sich tagsüber in Höhlen zurück.
Diejenigen, die in Gewässernähe leben, sind super Schwimmer, andere, die in baumreichen Gegenden leben, bewegen sich, auch wenn sie größer sind, geradezu anmutig durch das Geäst.
Mit seiner lebhaften Körperfärbung ist der Tigerpython bestens getarnt. Immer wieder gerät er in die Nähe menschlicher Siedlungen und sorgt für unangenehme und unheimliche Begegnungen.

Vergleichst du ihn mit den anderen Riesenschlangen, hat er das größte Schlingvermögen: Nilkrokodile, Stachelschweine, Marabus, Antilopen, Schafe – ein vier Meter langer Felsenpython kann ein fünf Meter langes Nilkrokodil erlegen und verschlingen.

Das Weibchen bewacht sein Gelege und sorgt für unterstützende Wärme, wie du es schon vom Netzpython gehört hast, und sogar für Abkühlung und Schatten, wenn es zu heiß wird. Nach 72 bis 76 Tagen schlüpfen die Jungen. Sie sind 50 bis 65 cm lang und zwischen 75 und 140 Gramm schwer. Größe, Anzahl und Gewicht der Jungen ist immer von der Größe der Mutter abhängig.

Boa constrictor

Die Boa constrictor, die Königsboa oder Abgottschlange, ist weltweit berühmt, da sie auch häufig als Terrarientier gehalten oder bei Schlangenshows gezeigt wird.
Ihr natürliches Verbreitungsgebiet liegt in Süd- und Mittelamerika.
Sie gehört zu den eher mittelgroßen Riesenschlangen, da sie im Durchschnitt nur eine Länge von 3,5 Meter erreicht. Allerdings können manche Weibchen auch bis zu 5,5 m lang werden.
Es gibt verschiedene Färbungen und Unterarten. Einige Abgottschlangen sind in der Grundfarbe weiß, braun bis fast schwarz und haben aber große umrandete Sattelflecken auf dem Rücken. Sie können sogar ihre Farbe selbst variieren. Je nachdem, wie hell es ist, passt sich ihre Körperfarbe so an, dass sie immer perfekt getarnt sind.
Die Boa constrictor ist tag- und nachtaktiv. Ihre Jungen schlängeln häufig durch das Geäst der Bäume. Zur Jagd wackeln sie mit dem beweglichen Schwanzende, das wie ein Wurm Eidechsen anlockt. Die recht dicken, älteren und schweren Exemplare leben nur am Boden.
Eine Boa constrictor bewegt sich nicht allzu gerne und ist bei der Auswahl der Beutetiere nicht wählerisch.

Hat sie eine Beute gepackt, umschlingt und erdrückt sie diese unter großem Kraftaufwand. Sie spürt dabei den Herzschlag des Beutetiers und lässt erst los, wenn das Herz stillsteht.
Die Inkas maßen den Schlangen eine besondere Bedeutung zu, hielten diese in Schlangengruben und warfen ihnen ihre Feinde oder Verbrecher zum Fraß vor. Ein Mensch, der nach drei Tagen noch lebte, wurde freigelassen.
Die ersten Einwanderer nutzten die Schlangen als Schädlingsvertilger. Tagsüber blieben sie eingesperrt, nachts jagten sie in den Behausungen Ratten und Mäuse.

Nicht immer grün – der Grüne Baumpython

Zu deiner Überraschung wirst du den Grünen Baumpython in Exotarien manchmal auch in Blau, Gelb oder gar Rot entdecken. Fast immer hat er eine für ihn ganz typische Ruhehaltung auf einem Ast eingenommen.
Der in tropischen Regenwäldern Papua-Neuguineas und einem kleinen Gebiet Australiens lebende Grüne Baumpython ist eine kleine Riesenschlange.
Er erreicht 1,5 bis 1,8 m. Selten bringt es ein Weibchen auch mal auf 2 m.
Wenn die Jungen aus den Eiern schlüpfen, sind sie gelb oder rot. Erst nach über einem halben Jahr erreichen sie die Grünfärbung der Erwachsenen.

Äußerst selten gibt es Grüne Baumpythons in Blau.

Zwillingsart – Grüner Hundskopfschlinger

Über 17 000 km entfernt vom Grünen Baumpython, in den Regenwäldern Brasiliens, lebt der ihm zum Verwechseln ähnliche Grüne Hundskopfschlinger.
Wie dieser lebt er in den Kronen der Urwaldbaumriesen, ernährt sich von kleinen Vögeln und Nagern und verhält sich auch sonst sehr ähnlich. So hängen sich beide zum Ruhen zusammengewunden über einen Ast, den Kopf in die Mitte gebettet. Diese Stellung beherrschen sogar schon die ganz kleinen, frisch geschlüpften Babypythons.
Beide Arten, die aber zu unterschiedlichen Schlangenfamilien gehören, haben Junge, die zuerst anders gefärbt sind und erst nach Monaten grün werden.
Einziger Unterschied: Der Hundskopfschlinger bekommt als Boa lebende Junge, die aber auch rot bis rotbraun gefärbt sind. Grüne Hundskopfschlinger werden 2 bis 3 m lang.

Die Kaiserboa erreicht bis zu 3 m, ...

... der Königspython bis zu 2 m Länge.

Der Rautenpython rechts und der Diamantpython unten rechts sind eigentlich dieselbe Schlangenart, sehen aber, je nachdem wo sie vorkommen, recht unterschiedlich aus. Beide werden bis zu 3 m lang.

Einige Verwandte

102 Riesenschlangenarten zählen die Wissenschaftler zur Zeit. Da immer noch neue entdeckt werden, kann sich diese Zahl täglich ändern.
Nicht alle sind wirklich »riesig« und nicht alle konnten wir hier zeigen, doch hoffen wir, dir mit unserer Auswahl einen Einblick in die Welt dieser spannenden, nicht ganz ungefährlichen Tiere ermöglicht zu haben. Es sind kraftvolle Wesen und den wirklich großen ist mit Vorsicht zu begegnen. Es sind jedoch nicht die »Menschenfresser«, wie sie manchmal in Zeitungen beschrieben werden, und für die allermeisten Schauergeschichten gibt es letztlich keine echten Beweise.
Tatsächlich gefährlich hingegen sind die Giftschlangen in tropischen Ländern, an deren Bissen weltweit etwa 100 000 Menschen jährlich sterben.

Der Weißlippenpython erreicht bis zu 3 m Länge.

Der Diamantpython erreicht bis zu 3 m Länge.

Ganz schön erdrückend!

Einige Windungen um das Opfer genügen, um in Ruhe zuzudrücken. Doch wer drückt am kräftigsten? Man weiß es tatsächlich nicht, ob es die Boa- oder die Pythonkraft ist.
Aber Riesenschlangen sind für uns aufgrund ihrer Größe ebenso faszinierend wie Dinosaurier, eben unvorstellbar groß und gefährlich. Wir vergessen dabei die kleinen Arten der Riesenschlangen,

sondern hören lieber die Geschichten von Schlangenhaltern, die so riesige Tiere in der Wohnung halten. Das ist weder für den Menschen, geschweige denn für die arme Schlange gut. Ein Hobby, das man nur fachkundigen Menschen überlassen sollte und vor allem nicht solchen, die die Tiere einfach irgendwo aussetzen, weil sie ihnen zu groß oder zu unbequem geworden sind. Auch wenn es extrem selten vorkommt: Riesenschlangen haben tatsächlich schon Menschen gefressen. Meist sind es Kinder oder Erwachsene, die aus Leichtsinn den Tieren zum Opfer gefallen sind. Die Schlangen haben es nicht auf Menschen abgesehen.

Dennoch fand man zum Beispiel einen Mann im Bauch eines sieben Meter langen Netzpythons, halb verdaut von den scharfen Verdauungssäften. Sicherlich war ihm der Mann zu nahe gekommen und der Python wollte sich oder sein Eigelege verteidigen. Ein unglücklicher Zufall, ein willkommenes Futter für das Tier.

Einerseits ist das schon ganz schön gruselig. Andererseits sterben bei uns Menschen bei Verkehrsunfällen, Flugzeugabstürzen und Unglücken. Der Tod ist niemals schön!

Wenn eine Riesenschlange nach einigen Jahren so richtig groß geworden ist, hat sie in einem kleinen Terrarium in der Wohnung (rechts) keinen Platz mehr. Sie brauchen zimmergroße Zoogehege (links).
Zahme, menschvertraute Riesenschlangen mögen friedlich und harmlos sein, doch schon manch einer hat sich geirrt und die Schlange hat sich plötzlich um Hals und Brust eines Menschen gewickelt. Das ist extrem gefährlich. Und Schlangen sind wie alle Tiere kein Spielzeug!

Das geht unter die Haut

Der Lebensraum für alle Tiere auf der Erde wird inzwischen bedrohlich klein. Immer mehr Arten sterben aus, weil wir Menschen die Erde landwirtschaftlich und industriell ausbeuten. Wir holzen Regenwälder ab, bohren und graben nach Erdschätzen, verschmutzen massiv die Umwelt und alles geht kaputt.

Der Lebensraum der Riesenschlangen, der meist in den Regenwäldern liegt, hat sich ebenfalls verändert. Aber bedrohlich für sie ist außerdem, dass sie gejagt und grausam getötet werden. Damit meinen wir nicht, dass die indigenen Völker Riesenschlangen auf dem Speiseplan haben, sondern die Menschen, die die Häute der Schlangen für Taschen, Gürtel und Schuhe verarbeiten oder ihre Innereien zu seltsamen Heilmitteln, die keinerlei medizinischen Wert haben. Eines Tages werden diese faszinierenden Tiere ausgestorben sein und nur noch in wenigen Exemplaren in Zoos bewundert werden können.

In fernen Ländern steht »Schlange« auf der Speisekarte, so wie bei uns Schweineschnitzel oder Rindersteak. Andere Länder, andere Sitten! Werden keine bedrohten Arten illegal getötet, müssen wir das hinnehmen.

Schlangen werden auch von Privatleuten in Terrarien gehalten. Nicht alle sind Fachleute, die sich mit Schlangen auskennen, sie richtig pflegen und ihnen ein artgerechtes Leben ermöglichen. Viele sind einfach zuerst fasziniert von diesen Tieren und dann überfordert. Sie verursachen damit großes Tierleid und machen sich dabei außerdem strafbar.

Wer sich wirklich für Schlangen und andere Kriechtiere begeistert, sollte in die Gesellschaft der Herpethologen (DGHT) eintreten. Das sind Menschen, die sich auskennen, sich für das Wohl und den Schutz der Tiere einsetzen und gerne informieren. Ein spannendes Hobby.

In manchen asiatischen Ländern werden kleine gegrillte Schlangen angeboten, wie bei uns Würstchen vom Schwein.

Fleisch von Riesenschlangen können die Leute in Stücken kaufen.